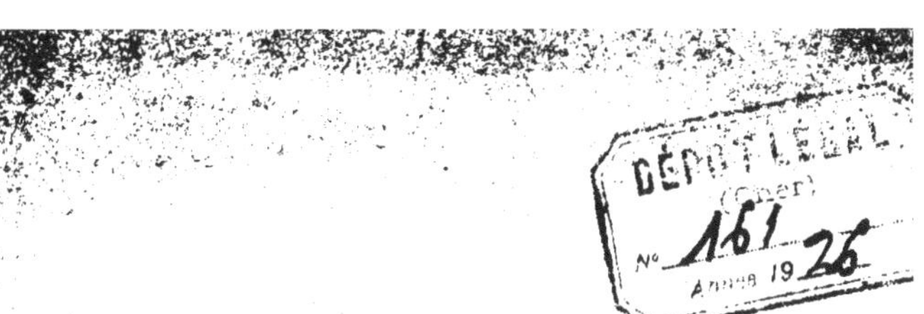

HOMMAGE

AU

Docteur Placide MAUCLAIRE

24 DÉCEMBRE 1925

HOMMAGE

AU

Docteur Placide MAUCLAIRE

24 DÉCEMBRE 1925

HOMMAGE

AU

Docteur Placide MAUCLAIRE

HOPITAL DE LA PITIÉ

24 DÉCEMBRE 1925

PARIS
Librairie Louis ARNETTE
2, rue Casimir-Delavigne, 2

1926

DISCOURS PRONONCÉS

PAR

DISCOURS

DE

M. le Docteur Pierre BAZY

Membre de l'Institut

C'est en toute simplicité, mon cher Mauclaire, que vous avez voulu qu'eût lieu cette réunion d'élèves, d'amis, de collaborateurs et, ajouterai-je, de collaboratrices. C'est en toute simplicité que je suis venu et que je parlerai.

Mais quoique tout ici doive ou paraisse devoir être simple, l'honneur que vous m'avez fait en me demandant de présider cette réunion me semble, c'est le moins que je puisse dire, difficile à supporter. Je ne peux m'empêcher en effet de penser à tel ou tel de vos maîtres qui eût, avec plus d'autorité, occupé cette place, si l'impitoyable destin ne les avait, à l'exception de M. le Dentu, enlevés.

Vous avez eu pour maîtres dans l'internat MM. Paul Berger, Simon Duplay, Lannelongue, Le Dentu. On pourrait dire, en entendant ces noms, que vous avez eu de la chance d'avoir choisi de tels maîtres ou, si vous voulez, d'avoir été choisi par eux. Moi, je dis que ce n'est pas la chance, mais une affinité naturelle qui vous a uni à eux.

Ils représentent le travail, la conscience professionnelle et intellectuelle, la droiture scientifique. Et ne sont-ce pas là les qualités que l'on peut vous appliquer ?

Peut-être, parmi eux, y en a-t-il un que vous placeriez au-dessus des autres : M. Lannelongue, dont vous vous réclameriez plus volontiers, d'abord pour tout ce qu'il vous a appris, comme à nous tous du reste, et puis parce qu'il avait à côté de lui une femme d'élite, Mme Lannelongue, qui avait fait sa collaboratrice dans ses œuvres de votre si digne et si active compagne, Mme Mauclaire, devant laquelle je suis heureux et fier de m'incliner aujourd'hui.

Je ne peux pourtant pas oublier d'évoquer aujourd'hui le nom de votre Maître, mon camarade L. Picqué que vous aviez connu, si je ne me trompe, chez notre maître commun, Paul Berger, et qui avait fait de vous son assistant de la première heure et de tous les instants.

Je représente et je remplace bien infidèlement et bien difficilement tous ces maîtres ; vous vous êtes souvenu que j'avais été pendant quelques mois votre chef et que j'avais été juge au concours où vous avez été nommé chirurgien des hôpitaux ; mais sachez que, en dehors de vos épreuves, c'est l'estime que j'avais pour vos maîtres et qu'ils avaient pour vous qui m'a rendu ma tâche agréable et facile.

J'ai dit que, malgré toute la simplicité de notre réunion, je trouvais lourd l'honneur de rappeler à ceux qui m'écoutent et qui les apprécient autant que moi les nombreux travaux dont votre inlassable activité a doté la science chirurgicale française. Loin de moi la pensée de parler de tous, ce qu'en conscience je devrais faire, parce que, dans tous, vous avez mis une part d'originalité, de nouveauté, de progrès.

Je me bornerai à ceux qui sont vos enfants de prédilection, si je puis ainsi dire, et qui ont trait à la chirurgie osseuse, aux greffes osseuses de toutes sortes dont vous avez bien vu et montré les modalités, les indications et les contre-indications, sans avoir attendu la terrible guerre qui nous a malheureusement fourni les occasions d'appliquer les préceptes que vous aviez auparavant contribué à formuler et qui ne vous ont pas pris au dépourvu. Je pourrai bien noter en passant que j'ai reçu, il y a quelque temps, un travail d'un chirurgien américain sur les corps étrangers du poumon pendant la guerre, où il nous dit que le premier cas a été opéré par M. Mauclaire ; je n'insiste pas, pas plus que sur vos travaux de chirurgie articulaire et je termine par ce qui vous tient à cœur en ce moment : la chirurgie orthopédique. Votre passage dans un service d'enfants, où on fait de l'orthopédie, vous a conduit à cette chirurgie de redressement, de réparation chez l'adulte, dont vous faites, depuis plusieurs années, bénéficier et vos élèves et les médecins et nos blessés : blessés de guerre, blessés d'accidents du travail, et que vous continuerez pour leur plus grand bien pendant de nombreuses années encore. C'est pourquoi notre réunion d'aujourd'hui n'est qu'une étape, un entr'acte de votre carrière chirurgicale. Vous quittez les hôpitaux de Paris, obéissant à la juste limite d'âge, mais vous continuerez ailleurs votre fructueux enseignement. C'est cette étape et aussi votre élection à l'Académie que vos amis, vos élèves et vos collaborateurs veulent marquer aujourd'hui en vous offrant cette belle plaquette, œuvre d'un artiste de grand talent qu'ils ont si bien su choisir et dont nous le félicitons tous pour sa remarquable exécution.

DISCOURS

DE

M. le Docteur Georges KUSS

Chirurgien des Hôpitaux

Mesdames, Messieurs,
Mon cher Maitre,

Le 19 mars 1904, à 11 heures du soir, j'appelais, comme interne de garde à Lariboisière, le chirurgien de garde qui était, ce jour-là, le Docteur Mauclaire, Professeur agrégé, Chirurgien des hôpitaux, — auquel j'adressais, pour la première fois, la parole.

— Et c'est à un peu plus de vingt ans de distance de la « Néphrectomie » dont l'observation réunit nos deux noms dans les *Bulletins de la Société Anatomique* d'alors que je me retrouve devant vous, mon cher Maître, sous la Présidence d'Honneur de Monsieur Pierre Bazy, de l'Institut, notre Maître vénéré, pour vous saluer au nom de votre service tout entier, de vos Elèves, de vos Amis, de vos Collègues, au seuil d'un jour qui ne sera certes pas, pour vous, le jour de la retraite, mais simplement le jour du changement de lieu d'une activité qui n'est pas près de se ralentir encore.....

Il ne m'appartient pas, Monsieur, de parler ici de votre œuvre scientifique ; laissez-moi vous dire, toutefois, que, si je n'ai pas eu l'honneur d'avoir été votre élève direct, tous les chirurgiens ici présents, nous sommes, tous, un peu vos élèves, car nous avons été tous à l'école de vos Articles des Grands Traités de Chirurgie, de vos Communications aux Sociétés Savantes. Et il ne pouvait en être autrement : si vos articles sont connus du monde entier, ils le sont particulièrement du monde médical français. Qu'il me soit, néanmoins, permis de rappeler qu'un jour le Président de la Société de Chirurgie, que vous étiez alors, a singulièrement haussé le ton habituel à la Tribune de notre Société Nationale et le moins qu'on puisse affirmer, dût votre modestie en souffrir, c'est qu'en prononçant votre magnifique éloge de Pasteur, si pur et si noble en sa forme et en son inspiration, l'orateur s'était mis au plan même de son immortel modèle et que l'Anthologie de la Prose française, si l'on peut ainsi dire, s'était enrichie d'une page impeccable de plus.

Je vous ai promis, mon cher Maître, d'être bref, je tairai donc bien des choses que j'aurais voulu dire. Ce serait bien mal reconnaître, en effet, l'hospitalité que vous m'avez offerte si généreusement pendant cinq ans dans votre beau service de la Pitié que de vous désobéir en ce jour où je ne voudrais vous faire nulle peine, même légère. Je ne vous dirai donc pas ma reconnaissance ; je ne dirai rien non plus du trait le plus caractéristique de votre caractère : la bonté.

Vous êtes bon envers vos élèves, envers votre personnel, envers vos malades. Tous, ils m'ont chargé de vous le dire. Tout malade que vous aviez soigné avait un droit imprescriptible sur vous : votre service hospitalier lui était ouvert comme votre cœur même quand il abusait parfois de celui-ci en revenant trop souvent, peut-être, au hâvre de grâce de celui-là. C'est à cause de cette bonté, Monsieur le Docteur Mauclaire, que, dès que j'ai eu l'idée de grouper vos amis le jour de votre départ et que je suis arrivé, pour ce faire, à triompher de votre tenace modestie, c'est à cause d'elle que les réponses de tous ceux que je pressentais : amis, collègues, élèves, membres de votre personnel hospitalier, sont venues approbatrices, unanimes, enthousiastes et sans défection aucune à mon appel.

Tout votre personnel hospitalier, celui qui vous a suivi de la vieille Charité, comme celui qui est devenu vôtre à la Nouvelle Pitié : Mademoiselle Gauthier, Madame Hubert comme Madame Moratile, Madame Debris comme Madame Bernieau, tous leurs collègues que je ne puis ici citer, tous vos anciens élèves de province et de Paris, la Haute Administration de la Pitié et son éminent Directeur, Monsieur Roger, vos élèves, vos internes, ici présents ou retenu sur son lit d'opéré comme ce pauvre Pinoche, vos externes et vos stagiaires, vos collègues et vos amis, M. Arnette, l'éditeur connu qui a bien voulu accepter de remplir bénévolement la tâche méritoire, active et ingrate d'être notre trésorier, — le grand sculpteur Bouchard qui a mis si spontanément son beau talent à la disposition de notre Comité et qui a si admirablement réalisé notre désir, — tous, — et vous me permettrez d'associer à ce faisceau compact de vivants, le souvenir d'un de vos plus brillants élèves, trop tôt disparu, mon cher et excellent ami Paul Hallopeau, — tous, les vivants, les malades et les morts, nous vous prions, mon cher et bon Maître, d'agréer cette plaquette et cette médaille comme un sincère témoignage de gratitude et d'estime pour l'Homme que vous êtes et de respectueuse admiration pour l'œuvre que vous avez déjà accomplie et à laquelle vous ajouterez certainement encore.

Nous vous demandons d'associer à cet hommage de reconnaissance et de singulière estime Madame Mauclaire que nous saluons respectueusement ici et toute votre chère famille.

DISCOURS

DE

M. Robert SOREL.

Ancien Interne des Hôpitaux de Paris
Chirurgien du sanatorium des Grandes Dalles

En venant, mon cher ami, dans cet amphithéâtre pour te fêter, je suis passé devant un palais sur lequel je vis écrit : *Internes.* De notre temps la salle de garde de Necker était moins somptueuse, mais nous la trouvions belle, et nous en avions gardé un excellent souvenir, parce que nous étions jeunes alors, que les collègues étaient de bons amis, que dans notre irréverencieuse jeunesse nous discutions fort les théories des patrons, que nous nous aidions dans nos travaux et qu'heureux temps, l'âpreté de la lutte pour la vie étant inconnue, nous pouvions nous réjouir sans jalousie des succès remportés par les collègues. Je ne sais si ces internes jouissent autant que nous de ces années de salle de garde.

Je leur souhaite ; car plus tard quand, à la tour, sonnera l'heure de la retraite qui paraît si lointaine et que nous trouvons si proche, les souvenirs leur seront chers de ce temps riche en travail, en échange d'idées, en sentiments et en joies.

C'est l'hommage de ceux qui furent ton compagnon de cette époque que je viens porter ici.

2***

D'autres mieux qualifiés ont loué, comme il faut, tes travaux scientifiques, ton dévouement à tes malades et ton enseignement ; permets à un modeste praticien de notre art d'ajouter un mot. Tu as rendu un grand service en montrant qu'un chirurgien des hôpitaux dans un service d'adulte peut sans déroger s'occuper d'orthopédie. Cette branche de notre art suivant son étymologie était réservée aux seuls services de chirurgie d'enfants.

Or la guerre et surtout d'une façon permanente les accidents du travail ont montré la nécessité de l'orthopédie.

Il n'y a pas de chirurgie des voies urinaires des enfants, une autre des adolescents, une troisième de vieillards, de même il doit y avoir une chirurgie osseuse de tous les âges et de tous les sexes.

Cette chirurgie forme une spécialité à cause de son outillage spécial, de son mode plus lent de réparation, de son infection plus persistante et plus facile.

De même qu'il y a maintenant dans chaque département, dans chaque arrondissement même, un chirurgien de carrière avec un service d'hôpital et une clinique privée dotées de salle d'opération, de stérilisation, de radiographie, de même il serait à souhaiter que chaque région possède un orthopédiste de carrière. Tu as ouvert ce débouché si utile à l'ensemble des malades par ton enseignement, et cela me paraît un mérite d'importance, aussi permets-moi de t'apporter les félicitations dues au novateur et d'y joindre mes sentiments sympathiques de vieil ami.

DISCOURS

DU

DOCTEUR GASTON METIVET

Chirurgien des Hôpitaux

MON CHER MAITRE,

C'est à la mort prématurée de votre élève regretté Hallopeau, que je dois le privilège de pouvoir vous adresser aujourd'hui quelques paroles de reconnaissance. Reconnaissance de l'ancien interne pour ce que vous lui avez appris, reconnaissance de l'élève que vous avez nommé au Bureau central.

Mon cher Maître, à l'heure où un règlement implacable vous prive de votre service, laissez-moi vous dire, — bien que cela puisse paraître paradoxal et inconvenant, — que vous m'êtes toujours apparu comme un jeune. Vous avez toujours été pour moi le modèle du chirurgien insatisfait, sans cesse à l'affût des méthodes nouvelles dont vous désiriez faire bénéficier vos malades. Vous n'étiez pas le chef autoritaire qui, certain de posséder des formules définitives, enseigne comme on ordonne, mais bien plutôt l'aîné qui travaillant, besognant, cherchant sans trêve, emplissait de remords l'âme de ses élèves paresseux ou ignorants. Je ne pense pas qu'au cours de votre carrière hospitalière, une seule question chirurgicale ait pu naître sans que vous vous y soyez intéressé ; et cette curiosité scientifique, toujours en éveil, est bien la preuve de cette verdeur d'esprit, que plus d'un de vos élèves vous envie.

Mais vous aurez été un autre exemple. A une époque où les consciences professionnelles jugent avec indulgence et où, dit-on, quelques défaillances se produisent, vous avez suivi tranquillement votre chemin : discret modèle pour ceux qui croient que les puissances d'argent doivent céder le pas aux puissances morales.

Vous partez, mon cher Maître, emportant la reconnaissance et l'affection de vos élèves. Dans leurs heures de paresse, il leur suffira de penser à vous pour se remettre joyeusement au travail ; dans leurs heures de tristesse et d'angoisse, quand le cœur faiblit, le souvenir de votre exemple les ramènera aisément sur le sentier du devoir.

Vous partez, mais votre vie n'est heureusement pas terminée. En vous, vos élèves sauront trouver le conseiller dont les avis seront toujours inspirés par deux de vos grandes qualités : la bienveillance et la bonté.

DISCOURS

DE

M. Louis JUBÉ

Interne des Hôpitaux de Paris

Mon cher maitre,

J'avoue que je suis un peu ému, non pas parce que je dois prendre la parole devant vos amis et les fidèles de votre service — j'ai ambitionné cet honneur — mais parce que je songe qu'aujourd'hui marque, pour mes collègues dont je me fais l'interprète et pour moi-même, une date que nous ne pourrons pas oublier.

Je sais bien que demain nous n'en serons pas moins internes comme nous l'étions hier et que votre amour du métier et de la science n'en sera pas diminué, je sais que cette date ne peut être qu'administrative, qu'elle ne saurait être dans nos relations d'internes à maître qu'un événement d'un jour. Cependant, à l'heure où le sort veut que notre inexpérience s'abrite derrière un autre guide, je ne peux m'empêcher de me souvenir de tous les instants passés près de vous, sous votre direction, et ces souvenirs accumulés nous rendent plus amères les minutes qui s'écoulent et laissent dans nos cœurs une impression de désarroi.

Je m'excuse de mêler cette note égoïste à l'impression d'admiration, de gratitude et d'affection qui se dégage de la cérémonie d'aujourd'hui, mais souvenez-vous, nous sommes venus dans votre service tout au début de notre carrière chirurgicale, vous avez été notre premier et notre seul maître et en nous accueillant comme des élèves, vous nous avez accoutumés à ne marcher de l'avant qu'en étroite collaboration avec vous, appuyés sur votre indulgence et votre bonté.

Nos autres guides à venir, pourront avoir votre bienveillance et votre douce fermeté pour nous perfectionner dans notre métier il n'en est pas moins vrai qu'ils ne trouveront plus le terrain neuf que vous avez su si bien rendre fertile. Vos idées nous sont devenues familières, nous nous les sommes assimilées et nous ne retrouverons plus la même confiance aveugle que nous avions en vous, car vous nous avez préparé pour l'avenir une base de discussion.

Nous ne pourrons pas oublier non plus avec quelle délicate attention vous avez surveillé et guidé nos premiers contacts avec les malades tant dans les salles que sur la table d'opération. C'est dans votre service que nous avons appris à nous servir du bistouri, et à ne le faire que dans l'intérêt du patient; vous avez conseillé nos progrès et vous nous avez facilité la tâche.

Bien que toujours nous couvrant de votre responsabilité professionnelle vous avez éveillé et développé en nous notre propre responsabilité envers notre conscience et envers le malade.

Vous avez su refréner intelligemment nos jeunes ambitions, et cependant nombreuses sont les fois où sous votre direction même vous avez satisfait à nos appétits chirurgicaux de débutant en renonçant à une opération que vous saviez devoir nous être agréable et profitable. Pour vous, mon cher maître qui disait : interne, disait collaborateur intime, nous étions vos amis alors que nous n'ambitionnions être que vos élèves.

Je voudrais pouvoir interpréter beaucoup mieux ces sentiments d'admiration et de grande affection qui vous ont gagné nos cœurs, faire ressortir toute l'impression de bonté, d'indulgence, de loyauté que tous ceux qui ont vécu près de vous, ont emporté de leur séjour à vos côtés, mais ce serait évoquer toutes les matinées passés à l'hôpital en communauté d'idées et de cœur.

Je ne peux, mon cher maître, que vous apporter, au nom de vos jeunes internes de cette année l'expression de leur reconnaissance attendrie et toute leur satisfaction d'avoir eu pour premier maître un maître tel que vous.

DISCOURS

DE

M. ROGER,

Directeur de l'Hôpital de la Pitié

Mon cher Docteur,

D'abord merci, aux membres du Comité, de m'avoir fait connaître le jour et l'heure de cette cérémonie toute familiale à laquelle j'aurais été bien fâché de ne pas assister.

Je tiens, en effet, mon cher docteur, à vous apporter moi-même les remerciements de mon personnel, et ceux des malades pour tout ce que vous avez fait pour eux. Vous me permettrez d'y ajouter les miens propres.

C'est que vous cachez une grande bonté sous un dehors sévère, et ceux qui vous fréquentent ne s'y trompent pas.

Je sais en quelle estime vous tenez les agents de notre personnel et l'intérêt que vous ne cessez de leur porter. J'ai souvenir encore de l'émotion avec laquelle vous me parliez du mauvais état de santé de votre ancienne surveillante, de la peine même que vous éprouviez à l'idée que la maladie allait la contraindre à prendre sa retraite prématurément. D'autres m'ont dit combien vous vous étiez intéressé à eux au cours de leur maladie, leur donnant sans compter les conseils qu'ils sollicitaient de vous, n'hésitant pas à aller même jusque chez eux, pour leur apporter le concours de vos avis ou de vos soins éclairés.

Et aussi quelle affectueuse sollicitude pour les malades !

Vous êtes d'une époque où l'on connaissait fort bien l'importance du rôle moral joué par le médecin ; permettez-moi de vous en féliciter.

Je sais des cancéreuses qui ont recouvré l'espérance en la guérison, du fait que vous alliez les voir, régulièrement, les rattachant à la vie, ou, tout au moins, leur permettant de supporter plus aisément leurs horribles et longues souffrances, grâce aux paroles réconfortantes que vous aviez su employer.

Votre honnêteté professionnelle, votre droiture habituelle vous ont fait estimer de tous ceux qui vous ont approché. De même nous avons toujours apprécié votre noble indépendance qui vous a permis de mener votre vie, comme vous l'entendiez, obéissant en toutes circonstances à la seule voix de votre conscience.

Chirurgien des plus distingués, vous n'avez tiré à aucun moment vanité de votre titre et il suffit de vous voir dans votre service pour juger combien vous aimez la simplicité : ici, pas de décors, pas de grandes mises en scène. Vous allez droit au but, et ce but, préoccupation unique de votre pensée, ce sont les malades.

Pendant la guerre il vous est apparu que soigner les malades dans les hôpitaux était chose insuffisante, en un tel moment. Aussi vous voit-on, alors, vous consacrant aux soins de nombreux blessés, en diverses ambulances. Votre activité et votre bon cœur avaient besoin de s'employer et de se donner plus activement en faveur de ceux qui avaient été blessés sur les Champs de bataille.

D'ailleurs n'étiez-vous pas aidé dans votre tâche morale par Mme Mauclaire, que je suis heureux de saluer ici, respectueusement, et à qui j'adresse tout spécialement mes remerciements pour les bontés sans nombre dont elle a entouré les malades de cet hôpital.

Me permettant de vous associer tous deux intimement dans ma pensée je vous prie d'accepter l'un et l'autre l'expression sincère de ma très vive reconnaissance.

DISCOURS

DE

MADAME MORATILLE

Surveillante des Hôpitaux

MONSIEUR LE DOCTEUR,

Au nom du personnel que vous avez eu sous vos ordres dans vos services à la Maison municipale de santé, à la Charité et à la Nouvelle Pitié, nous venons vous exprimer nos regrets de vous voir quitter les hôpitaux.

Malgré des allures parfois un peu vives, vous avez toujours été bon pour nous dans les moments difficiles.

Par la régularité de vos heures de visites et d'opérations, vous avez beaucoup facilité notre tâche.

Vous avez aussi toujours été bon pour tous les malades. Beaucoup d'entre eux vous écrivent des lettres de remerciements après avoir quitté votre service. Beaucoup reviennent vous revoir pour chercher la guérison qui tarde ou des consolations.

Nous vous souhaitons de jouir longtemps d'un repos un peu précoce, mais que vous avez bien mérité. Nous vous prions d'accepter nos meilleurs vœux pour vous et pour toute votre famille.

ALLOCUTION

DE

M. LE DOCTEUR MAUCLAIRE

MON CHER PRÉSIDENT,

MES CHERS AMIS,

Comme vous pouvez le voir, je suis très ému. J'ai été couvert de fleurs ! trop de fleurs ! et pour mettre les choses au point je vais vous parler tout simplement des différentes étapes de ma carrière.

Débarqué de ma province, en 1881, j'ai commencé mes études médicales avec joie, car j'avais eu la vocation médicale de très bonne heure. Mais alors la première année de médecine était bien peu médicale !

Heureusement, l'année suivante, consacrée à l'anatomie, fut bien plus intéressante. Ce fut alors que, sur un conseil reçu au hasard des rencontres, au quartier, j'ai préparé tout seul l'externat ; je fus reçus facilement, le concours étant, en 1883, bien moins difficile que maintenant.

Sans hésiter je me décidai alors à préparer l'internat avec une ardeur extraordinaire, en suivant une conférence avec mon ami Enriquez, maintenant chef de service à la Pitié.

Après avoir été externe de Marc Sée, de Hayem, si difficile pour la remise des observations, le hasard me conduisit comme provisoire dans le service du Pr Alfred Richet où je fus bien conseillé par mon ami Gaston Lyon, maintenant médecin de la Pitié.

Dans ce service je fus en rapport avec Lucien Picqué, chef de clinique, qui devait avoir une grande et bienfaisante influence sur ma carrière.

Nommé interne, j'ai fait une année de service militaire au Havre où j'allais souvent à l'hôpital voir opérer un jeune chirurgien, le Dr Leprévost.

Je fis ma première année d'internat, en 1888, chez Paul Berger. C'était un chef d'une activité dévorante ; commençant son service 8 heures ; très occupé en ville et donnant des rendez-vous le matin à ses internes, Calot et moi, à l'autre extrémité de Paris et à 7 heures ! J'ai su gagner sa confiance par mon assiduité et par l'attention avec laquelle je donnais le chloroforme et dans la suite il m'accorda toujours son appui.

En 1889, j'étais l'interne du Pr Duplay, à Beaujon. C'était un chef doué d'un esprit clinique remarquable, très habile de ses doigts, faisant toujours préparer pour les opérations un grand nombre d'instruments, mais ne se servant que de quelques-uns. Vous savez qu'il s'est survécu à lui-même jusqu'à l'âge de 90 ans, conservant toute sa lucidité.

Bien souvent je suis allé le voir dans sa retraite pénible, car pendant longtemps il fut aveugle. Ses souvenirs sur nos ancêtres chirurgicaux étaient intéressants à entendre.

Cette année-là j'ai été nommé aide d'anatomie. Ce fut

un tournant dans ma carrière, car si je n'avais pas pu obtenir ce titre, j'étais décidé à aller faire de la chirurgie en province, à St-Quentin.

C'est pendant cette année d'internat que je vous ai eu comme chef, mon cher Président. Vous avez remplacé Duplay pendant plusieurs mois et vous m'avez fait faire ma première grosse opération, un fibrome de la nuque adhérent au rachis. Jusque-là je n'avais guère opéré que des panaris.

En 1890, j'ai été l'interne de Lannelongue à l'ancien hôpital Trousseau. C'était une intelligence très vive, très exubérante, remuant bien des idées, aussi bien en chirurgie infantile qu'en chirurgie générale. Je l'ai suivi de très près, vivant dans son intimité et à Paris et dans sa propriété de Valmont.

L'année suivante, j'ai été l'interne du Pr Le Dentu, si calme et dont la réserve cache un cœur bien bon et bien sensible. J'ai été son chef de clinique en 1896. Il me laissa toute latitude opératoire. C'est cette année-là que je fus nommé chirurgien des hôpitaux, vous ayant dans le jury, mon cher Président, ainsi que mon autre maître, Lucien Picqué. Celui-ci me prit comme assistant pendant plusieurs années.

C'est à la Maison Dubois que j'ai été placé comme titulaire, en 1906. J'y suis resté quatre ans. Puis je suis allé à la Charité pendant douze ans et ici à la Nouvelle Pitié pendant six ans.

Cela fait en tout 28 ans de pratique chirurgicale comme chef de service.

Il est temps de laisser la place à des cerveaux plus jeunes !

Enfin cette année, grâce à votre appui, mon cher Président et grâce à celui du Pr Le Dentu, qui tous deux dès le début vous êtes prononcés en ma faveur, j'ai été nommé membre de l'Académie de Médecine. Ce fut le couronnement de ma longue carrière de travail et d'enseignement.

Pendant tout ce long séjour dans les hôpitaux, j'ai eu trois directives : l'enseignement, la passion de la pathologie externe et de la chirurgie opératoire, la bonté à l'égard des malades.

J'ai eu toujours un grand goût pour l'enseignement. J'ai fait des conférences d'externat, d'internat, du Bureau central et d'agrégation. J'ai éduqué des générations de stagiaires. J'ai fait faire une centaine de thèses.

Mon rêve aurait été d'être chef d'Ecole.

Une de mes grandes joies était d'entendre un de mes anciens élèves me dire que j'étais un de ceux qui lui avaient appris le plus de choses. Hier encore, un de mes collègues de la Pitié, me faisait cette même déclaration qui m'est si sensible.

J'ai toujours été ardent pour l'examen des malades, les discussions de pathogénie et de pathologie externe et les nouvelles opérations.

J'ai beaucoup écrit et encore beaucoup à écrire. J'ai remué bien des idées et émis bien des hypothèses. Si j'étais sûr que plus tard un dixième de tout cela subsistera quelque temps, j'en serais aujourd'hui très heureux.

Il est vrai que j'ai toujours été bon pour les malades. Par ce temps d'égoïsme intégral, cela m'a donné des satisfactions qui en valent bien d'autres.

Je m'excuse d'avoir ainsi fait ma propre biographie. Mais à propos de cette cérémonie finale, je n'ai pas pu résister au désir de passer en revue tous mes souvenirs d'hôpital.

Et maintenant il me faut procéder aux remerciements. J'espère n'oublier personne.

Je vous remercie tout d'abord, mon cher Maître, d'avoir bien voulu présider cette petite cérémonie. Le haut titre que vous avez acquis par votre intelligence et par votre travail me fait beaucoup apprécier votre présence ici.

Mon cher Küss, vous avez été l'animateur de cette réunion. J'étais entré sans bruit dans les hôpitaux, je voulais en sortir de même. Vous avez insisté et j'ai cédé. Je vous ai ouvert mon service comme assistant et j'en ai été très heureux,cela nous a permis de nous instruire réciproquement à propos des cas cliniques difficiles et des opérations délicates.

Mon cher Métivet, je vous ai eu comme interne à la Charité. Par votre brillant entrain vous m'avez souvent intéressé et vous savez combien j'ai été heureux de contribuer à votre nomination aux hôpitaux.

Mon cher Sorel, tu as rappelé notre camaraderie bruyante à l'hôpital Necker en 1892. Comme ce temps-là est lointain ! Tu es maintenant chirurgien du Sanatorium marin des Grandes-Dalles. Te voilà spécialisé dans l'orthopédie chez l'enfant et tu réussiras sans aucun doute.

Mon cher Jubé, vous représentez ma dernière série d'internes. Dans nos conversations vous m'avez souvent transfusé des idées nouvelles.

Pendant les séances de pose, cher M. Bouchard, nous avons souvent parlé de la belle Italie. Vous m'avez inculqué quelques notions d'art. De l'avis de tous, votre plaquette est une belle œuvre et je vous en remercie...

Mon cher Directeur, nous nous étions déjà rencontrés à l'hôpital Broca pendant six mois, et ici pendant la construction de la Nouvelle Pitié, car j'avais eu l'intention de prendre le service 9. Nous avons toujours eu d'excellents rapports grâce à votre excellent esprit d'organisation.

Je dois beaucoup de remerciements à M. Arnette qui a bien voulu remplir bénévolement les fonctions si ennuyeuses de trésorier.

Mme Moratille, vous avez été ma surveillante pendant 18 ans. Vous avez dit que « malgré des allures parfois un peu vives » j'avais été très bon avec le personnel. J'ai toujours considéré comme collaboratrices les surveillantes de salle, les infirmières, les panseuses, et je vois ici Mlle Jeanne Gauthier qui a été ma panseuse pendant 18 ans. Souvent pressé par le grand nombre de malades et vous savez combien j'en avais pendant la guerre — j'étais parfois un peu vif — je l'avoue maintenant. Tous mes remerciements également à Mme Boivin, ma première surveillante à Necker et à Mme Huber, ma dernière surveillante ici à la Pitié.

Laissez-moi en terminant penser à tous ceux qui se sont excusés de ne pouvoir venir et à ceux de mes élèves et amis déjà disparus !

Encore une fois, à vous tous, merci !

1926. Saint-Amand (Cher). — Imp. A. Clerc.

www.ingramcontent.com/pod-product-compliance
Ingram Content Group UK Ltd.
Pitfield, Milton Keynes, MK11 3LW, UK
UKHW021317190726
13839UKWH00007B/1915